Inhalt

Google Book Search - Untergang des Abendlandes oder Aufbruch der Wissensgesellschaft?

Kernthesen

Beitrag

Fallbeispiele

Zahlen und Fakten

Weiterführende Literatur

Impressum

GENIOS BranchenWissen Nr. 06/2009 vom 30.06.2009

Google Book Search - Untergang des Abendlandes oder Aufbruch der Wissensgesellschaft?

Autor GENIOS BranchenWissen: K.WerthAutor GENIOS BranchenWissen: K.Werth

Kernthesen

- Stellvertretend für die gesamte Internetbranche sieht sich Google für das Projekt Google Book Search massiver Kritik aus den Reihen der Kreativwirtschaft ausgesetzt.
- Angegriffen wird gleichzeitig die Open-Access-Bewegung.
- Die Realität des Internet und seiner Möglichkeiten stellt an das Urheberrecht

völlig neue Anforderungen.

Beitrag

Nicht ohne wirtschaftliches Interesse hat sich der Suchmaschinenriese Google dem hehren Ziel der Digitalisierung allen Wissens verschrieben. Die Vorteile für die Nutzer liegen auf der Hand: Der Zugang zu Informationen wird begünstigt, der Informationsaustausch erleichtert. Allerdings wird Google vorgeworfen, sich mit unlauteren Mitteln eine Monopolstellung auf dem Literaturmarkt verschaffen zu wollen. (1)

Die Emotionen kochen hoch. Besonders laut protestieren die Unterzeichner des "Heidelberger Appells", initiiert vom Heidelberger Literaturprofessor Roland Reuß. Scharfe Worte sind im Umlauf. Vom "Kulturkampf" ist die Rede, von "Angriff" und "Krieg", von der "Nötigung", in einer bestimmten Weise zu publizieren. Unsere ganze Kultur sei "in Gefahr", und die vor gut 200 Jahren mit der Schaffung des ersten Urheberschutzes eingekehrte "Vernunft" gehe verloren. (2), (4)

Google Book Search

Im Oktober 2004 begann der US-amerikanische

Suchmaschinenbetreiber Google mit der Digitalisierung von Druckwerken, um sie online durchsuchbar zu machen. Die Zielmarke von 15 Millionen Büchern ist nach Einschätzung der Verwertungsgesellschaft Wort (VG Wort) inzwischen beinahe zur Hälfte erreicht. Mit der Google Book Search ist es möglich, per Internet in den kompletten Inhalten von Druckwerken zu recherchieren. Die Anzeige der Suchergebnisse reicht von rein bibliographischen Angaben bis hin zum Volltext. (1)

Google Book Search ist das bisher größte und ambitionierteste Projekt dieser Art. Als Konzern sieht sich das Unternehmen deswegen besonders in Deutschland massiver Kritik ausgesetzt. Google mache sich zum Hauptakteur der Kulturvernichtung. (1), (2)

Open Access

Gemeinsam mit Google steht Open Access in der Kritik. Open Access ist eine Initiative von Wissenschaftlern, unterstützt von Bibliotheken. Sie stellt eine Veröffentlichungsalternative für die immer teurer werdenden elektronischen Publikationen der Wissenschaftsverlage dar. Forscher und Wissenschaftler fühlen sich in ihrer wissenschaftlichen Arbeit durch die zum Teil horrenden Abonnementpreise behindert. Sie entschließen sich zunehmend, ihre Arbeitsergebnisse auf institutseigenen Servern kostenlos anzubieten. (4)

Mit Google oder gar YouTube hat Open Access nichts zu tun, trotzdem werden beide Projekte in einem Atemzug genannt. (2), (4)

Die Open-Access-Initiative fordert keineswegs, dass belletristische und urheberrechtlich geschützte Werke kostenlos im Internet verfügbar sein sollen. Sie fordert, dass Forschungsergebnisse, die durch öffentliche Finanzierung zustande gekommen sind, dieser Öffentlichkeit in angemessener Zeit auch zur Verfügung gestellt werden. (4)

Google und das deutsche Urheberrecht

Urheberrechtlich geschützte Werke dürfen nach deutschem Recht nicht ohne Zustimmung der Rechteinhaber, also des Autors oder seiner Erben, weiterverarbeitet werden. Geschützt sind Werke bis 70 Jahre nach dem Tod des Autors, und zwar auch dann, wenn dessen Erben bzw. Rechtsnachfolger unbekannt sind. Im zweiten Fall spricht man von verwaisten Werken. Will man diese wie Google wirtschaftlich nutzen, so muss man sich zunächst auf die mühsame und häufig erfolglose Suche nach dem Rechteinhaber machen und dessen Zustimmung einholen. Nach Ablauf der 70 Jahre gelten Texte als gemeinfrei, das heißt, sie stehen der Allgemeinheit zur Nutzung ohne Lizenzierung zur Verfügung.

Allerdings digitalisiert Google geschützte (deutsche) Werke bisher ausschließlich in den USA. Gemäß dem sogenannten Schutzlandprinzip werden Urheberrechtsverletzungen daher nach amerikanischem Recht beurteilt. So haben deutsche Klagen wenig Aussicht auf Erfolg.

Das deutsche Urheberrecht hat nicht nur die Aufgabe, die Einnahmen der Rechteinhaber und ihre Persönlichkeitsrechte zu schützen. Es soll auch die Nutzung der Werke durch die Allgemeinheit sicherstellen. Dies gelingt jedoch nicht, wenn die Rechteinhaber verwaister Werke unauffindbar bleiben. (1)
Viele Autoren, die glauben, ihr Buch sei unrechtmäßig von Google gescannt worden, könnten sich irren: Die meisten von ihnen haben die Rechte an ihrem Werk umfassend an einen Verlag verkauft, der ohne ihr Wissen die Scanrechte an Google weiterveräußern kann. In solchen Fälle besteht keine Verletzung des Urheberrechts. (5)

Google Book Settlement

Aufgrund einer Sammelklage amerikanischer Autoren

kam es kürzlich zu einem gerichtlichen Vergleich, der einen Interessenausgleich zwischen Google und den Rechteinhabern herstellen soll. Einwendungen dagegen sind (nach einer Fristverlängerung) noch bis September möglich. Nach diesem Google Book Settlement sollen Rechteinhaber einmalig 60 US-Dollar pro unlizensiert digitalisiertem Werk erhalten und mit 63 Prozent an den später u. a. aus Werbung entstehenden Einnahmen beteiligt werden.

Die Verwertungsgesellschaft Wort (VG Wort), die in Deutschland die Interessen der Rechteinhaber literarischer Produkte vertritt, hat sich entschlossen, dem Book Settlement nicht zu widersprechen, ggf. die 60 US-Dollar pro Titel zu kassieren und danach Google das Verwertungsrecht wieder zu entziehen, was bis zum 05. April 2011 möglich sein wird. Dieses Vorgehen mag pragmatisch sein, löst aber das eigentliche Problem - die Möglichkeit des einfachen Zurverfügungstellens fremder Inhalte im Internet - nicht. (6)

Heidelberger Appell

Initiiert vom Philologen Roland Reuß, richteten sich mindestens 1 600 vor allem namhafte Unterzeichner - Wissenschaftler, Schriftsteller und Publizisten - in einem Schreiben an Bundespräsident Horst Köhler, um dem Treiben von Google und gleichzeitig allen ähnlichen für den Nutzer kostenfreien Digitalisierungsprojekten Einhalt zu gebieten. Die selbstbestimmte kreative Leistung müsse respektiert werden. Der Urheber dürfe in seiner Souveränität zu entscheiden, wann, wo und wie er publiziert, nicht eingeschränkt werden. Dieses Urheberrecht sei nicht nur durch die Aktivitäten Googles bedroht. Auch Open Access stelle eine Nötigung zur Veröffentlichung in einer bestimmten Art und Weise, nämlich kostenlos, dar. Die Verlagsbranche sei in Gefahr. Google strebe eine Monopolstellung über alle Medien an. (2), (7)

60 US-Dollar scheinen wenig, wenn man ein Bestsellerautor ist. Viele Buchautoren müssen sich aber schon lange mit einer sehr geringen Entlohnung bescheiden - auch Verlage sind nicht eben großzügig. Eine zehnprozentige Beteiligung am Verkaufspreis ist vergleichsweise viel. Autoren von Fachartikeln in Wissenschaftsmagazinen erhalten von den Verlagen häufig gar nichts, geben aber dafür sämtliche Rechte an den jeweiligen Verlag ab. Sie arbeiten allein für ihre wissenschaftliche Reputation. (8)

Der Heidelberger Appell erscheint bei Betrachtung der Namen der Unterzeichner als ein Aufstand der Elite. Die meisten von ihnen sind namhafte Personen - und nicht etwa das Gros der oft schlecht bezahlten Autoren und schreibenden Wissenschaftler. Auch wenn Reuß dies zurückweist: Man wird den Verdacht

nicht los, dass hier ein System konserviert werden soll, von dem bestimmte Teilnehmer zweihundert Jahre lang profitiert haben, das aber keine Antwort auf die Bedingungen des Internetzeitalters bietet. Reuß und die Unterzeichner machen nicht etwa Vorschläge, wie mit dieser Entwicklung der letzten Jahre sinnvoll umgegangen und neue Lösungen geschaffen werden können. Sie verteidigen das für sie Altbewährte - aus internetfreien Zeiten. (7)
Reuß und die Unterzeichner des Appells vermengen in ihrem Schreiben die Urheber wissenschaftlicher Lehrbücher und solche von Fachartikeln. Die zum Teil sehr umfangreichen Fach- und Lehrbücher stellen ihren Autoren tatsächlich Einnahmen aus dem Verkauf in Aussicht, um den diese nicht gebracht werden dürfen. Für Fachartikel gilt dasselbe wie gesehen nicht. (6)

Zweierlei Maß

Ein Interessenausgleich zwischen den verschiedenen Parteien ist dringend erforderlich. Google Book Search und ähnliche Projekte bedienen wesentliche Bedürfnisse der Allgemeinheit, wie schon Open Access im Wissenschaftsbetrieb.
Weder darf ein Monopol von Wissenschaftsverlagen den Forschungsbetrieb behindern, noch ist es akzeptabel, der Öffentlichkeit jahrzehntelang

Informationen und Wissen vorzuenthalten, nur weil niemand mehr ausdrücklich seine Rechte an einem Werk anmeldet. Gleichzeitig ist sicherzustellen, dass lebende Urheber und Künstler nicht um ihr Honorar gebracht werden, das womöglich ihren Lebensunterhalt darstellt.

Es ist andererseits vollkommen inakzeptabel, einen möglichen Kulturverlust zu beklagen, wo es eigentlich um Geld geht. Auch das Internet stellt inzwischen eine Kulturplattform dar, die nicht einfach wieder verschwinden wird. Alles beim Alten belassen zu wollen, wäre naiv.

Es riecht streng nach zweierlei Maß, Google des Monopolstrebens zu bezichtigen, dies in einen Zusammenhang mit Open Access zu stellen und gleichzeitig die Monopolpreise der Wissenschaftsverlage (und übrigens auch der Buchverlage) zu verschweigen.

In Frage stellen kann man - aus künstlerischer Sicht - die sehr lange Schutzfrist literarische Werke. Abgesehen vom Problem der Verwaisung handelt es sich hier wohl eindeutig um die Absicherung rein wirtschaftlicher Interessen von Personen, die am künstlerischen Schaffen in keiner Weise beteiligt waren.

Gegen Monopolstreben ist Konkurrenz der sicherste Weg. Konkurrenz ist jedoch auf eine sichere Rechtslage angewiesen. Diese fehlt bisher. Das derzeitige Urheberrecht berücksichtigt nicht oder kaum die neuen Publikationsmöglichkeiten des Internets und dadurch entstehende neue, mit den Verlagen konkurrierende Geschäftsmodelle. Die Suche nach Rechtsnachfolgern verwaister Werke ist ein großes Hindernis, das auf ein vertretbares Maß zu reduzieren ist. (1)

Auch die Lösung im Google Book Settlement ist nicht ohne Berechtigung. So mancher Autor wird mit 60 US-Dollar plus 63 Prozent Einnahmebeteiligung zumindest finanziell besser fahren als bei einem Verlag.

Ob das Internet auf Dauer "kostenlos" bleiben wird, sei übrigens auch noch dahingestellt. Konkurrierende Unternehmen und Organisationen könnten, bei Vorliegen einer eindeutigen Rechtsgrundlage, Preise schaffen. Voraussetzung ist jedoch, dass am Text kein Monopol besteht - weder auf Seiten Googles noch auf der eines Verlags.

Fallbeispiele

- Ein Jahresabonnement der Zeitschrift "Journal of Applied Polymer Science" kostet netto mehr als 21 000 US-Dollar. (8)
- Der Verlag Droemer-Knaur will sich nicht am Vorgehen der VG Wort in Sachen Google Book

Settlement beteiligen. (3)
- Der Verlag C.H. Beck will seine Rechte unabhängig von der VG Wort selbst wahrnehmen. Eine Kooperation mit Google ist nicht vorgesehen, das Vorgehen entspricht dem der Verwertungsgesellschaft. (9)

Zahlen & Fakten

- 100 000 deutschsprachige Bücher aus Beständen amerikanischer Bibliotheken wurden bisher gescannt. Davon sind 70 Prozent, also 70 000 Titel, verwaist. Urheberrechtlich geschützt und nicht verwaist sind die übrigen 30 Prozent, also 30 000 Titel. (6)
- Weltweit stellen bisher 28 Bibliotheken ihre Bestände Google zum Scannen freiwillig zur Verfügung. 20 000 Verlage kooperieren mit dem Konzern. (10)

Weiterführende Literatur

(1) Die Digitalisierung von Wissen in der Informationsgesellschaft und ihre rechtliche Regulierung
aus Wettbewerb in Recht und Praxis, Heft 2009/05 S. 586-599

(2) Unsere Kultur ist in Gefahr
aus Frankfurter Allgemeine Zeitung, 25.04.2009, Nr. 96, S. 33

(3) Ein Kulturkampf ums Urheberrecht
aus Stuttgarter Zeitung, 07.05.2009, S. 29

(4) Heidelberger Halali
aus c't - Magazin für Computertechnik, 10/2009, S. 48

(5) Nutzt solche Dienste nicht!
aus Frankfurter Allgemeine Zeitung, 27.05.2009, Nr. 121, S. 33

(6) URHEBERRECHT Vor dem Vergleich
aus Focus, 11.05.2009; Ausgabe: 20; Seite: 64-64

(7) Ist die Revolution beherrschbar? Mit Google an der Spitze erschüttert die Digitalisierung das Urheberrecht. Die Betroffenen wehren sich
aus DIE WELT, 09.05.2009, Nr. 107, S. 3

(8) Open Excess: Der Heidelberger Appell
aus DIE WELT, 09.05.2009, Nr. 107, S. 3

(9) Verlag C.H. Beck verweigert sich Google
aus DIE WELT, 27.05.2009, Nr. 121, S. 24

(10) Das Projekt hat schon viele freiwillige Partner aus Financial Times Deutschland vom 04.05.2009, Seite 25

Impressum

Google Book Search - Untergang des Abendlandes oder Aufbruch der Wissensgesellschaft?

Bibliografische Information der deutschen Nationalbibliothek

Die Deutsche Nationalbibliothek verzeichnet diese Publikation in der deutschen Nationalbibliografie; detaillierte bibliografische Daten sind im Internet über http://dnb.d-nb.de abrufbar.

ISBN: 978-3-7379-2841-0

© 2015 GBI-Genios Deutsche Wirtschaftsdatenbank GmbH, Freischützstraße 96, 81927 München, www.genios.de

Alle Rechte vorbehalten. Dieses Werk ist einschließlich aller seiner Teile – z.B. Texte, Tabellen und Grafiken - urheberrechtlich geschützt. Jede Verwertung außerhalb der Grenzen des Urheberrechtsgesetzes bedarf der vorherigen Zustimmung des Verlags. Dies gilt insbesondere auch für auszugsweise Nachdrucke, fotomechanische Vervielfältigungen (Fotokopie/Mikroskopie), Übersetzungen, Auswertungen durch Datenbanken oder ähnliche Einrichtungen und die Einspeicherung und Verarbeitung in elektronischen Systemen.